Justine McKeen, Thermostat Chat

Text copyright © Sigmund Brouwer 2017
Published by arrangement with Orca Book Publishers, Victoria, Canada,
through Orange Agency, Gyeonggi-do, Korea

Korean translation copyright © BookInFish Publishing Co. 2025

All rights reserved. No part of this publication may be reproduced,
stored in a retrieval system, or transmitted in any form or by any means, electronic,
mechanical, photocopying, sound recording or otherwise without the prior written permission
of BookInFish Publishing Co.

이 책의 한국어판 저작권은 오렌지에이전시를 통해
Orca Book Publishers와 독점 계약한 책속물고기에 있습니다.
저작권법에 의해 한국 내에서 보호를 받는 저작물이므로
무단 전재와 무단 복제를 금합니다.

전기 도둑 흡혈귀와 탐정 져스틴

시그문드 브라우어 글 | 박민희 그림 | 김배경 옮김

책속물고기

등장인물

저스틴 맥킨

환경을 지키는 캡틴 에코

지구를 위해서라면 전기 흡혈귀도 전기 도둑도 무섭지 않다. 전기를 쓸데없이 낭비하는 걸 막으려고 블라초와 함께 전기 탐정이 된다.

지미 블라초

어쩌다 보니 전기 탐정

저스틴에게 강아지 무늬 잠옷을 입은 모습을 들키는 바람에 꼼짝없이 저스틴을 도와 전기 도둑을 잡는다.

환상의 콤비

저스틴의 친환경 프로젝트에 늘 함께한다. 기발한 장난을 칠 궁리를 하느라 바쁜 나날을 보내고 있다.

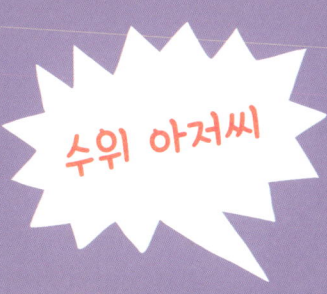

헤비메탈 팬

저스틴이 친환경 프로젝트를 벌일 때 가끔씩 뒤치다꺼리를 한다. 이번에는 헤비메탈 때문에 뜻하지 않게 저스틴의 친환경 프로젝트에 참여하게 될 운명이다.

✦차례✦

1 한밤중 전기 흡혈귀 소동 ⭐ 8
◆ **에코!** 환경에 관심 가지기 ◦ 26
만약 전기가 없다면?

2 전기를 잡아먹는다고? ⭐ 30
◆ **소셜!** 환경 키워드를 공유하기 ◦ 60
#대기 전력 #대기 전력을 줄이는 방법

 **숨은 전기 도둑 찾기** ★ 62

◆ **액션! 환경을 위해 실천하기** ◦ 80
슬기로운 전기 절약 생활

 **수위 아저씨의 비밀을 지켜라** ★ 82

◆ **캡틴에코의 뉴스레터** ◦ 106
지구를 위해 에너지를 부탁해

1

한밤중 전기 흡혈귀 소동

"안녕하세요, 지미 블라초의 할아버지 맞으시죠?"

현관문이 열리자 저스틴이 인사를 했다.

"할머니와 제가 여기 온 이유는요. 바로 전기 흡혈귀를 잡아 드리기 위해서예요."

저스틴의 말이 끝났는데도 블라초의 할아버지는 문고리를 잡은 채 그저 두 눈을 껌벅거렸다.

"얘야, 지금이 몇 신 줄 아니? 새벽 세 시야."

블라초의 할아버지가 겨우 입술을 움직여 잠이 덜 깬 목소리로 말했다.

할아버지는 잠옷 가운을 입고 슬리퍼를 신고 있었다. 사방으로 뻗친 머리카락과 턱수염은 새하얬다. 할아버지는 잠을 깨려는 듯이 주먹을 쥐고 두 눈을 비볐다.

"지금이 전기 흡혈귀 잡기에 가장 좋은 시간이거든요."

저스틴은 당연하다는 듯이 말했다.

"주무시는데 깨워서 죄송해요. 우리 손녀딸이 블라초가 오늘 밤 우리를 기다릴 거라고 하더군요."

이번에는 저스틴의 할머니가 말했다.

할머니는 연갈색 머리카락에 원피스를 단정하게 입고 있어서 차분해 보였다.

"기다리고 있다고요? 새벽 세 시에 말인가요?"

할아버지가 되물었다.

"귀찮게 해 드려 죄송해요. 그런데 이렇게 문을 열어 두시면 실내의 따뜻한 공기가 밖으로 나가 버려요. 실내 온도를 다시 높이려면 전기를 써서 난방을 해야 하잖아요. 이런 게 바로 전기 낭비지요."

저스틴이 말했다.

저스틴은 할머니와 할아버지를 이끌어 집 안으로 들어간 다음에 문을 닫았다.

할아버지는 멍하니 닫힌 문을 바라보다가 저스틴에게 시선을 옮겼다.

"그래, 그런데 둘은 누구신지?"

할아버지가 머리를 긁적이며 물었다.

"이분은 저희 할머니세요. 저는 저스틴이라고 해요. 그런데 문밖 실외 등을 꺼도 될까요?"

저스틴은 할아버지가 대답하기도 전에 실외 등 스위치를 껐다.

저스틴은 작은 가방에서 수첩과 연필을 꺼내더니, 무언가를 적고는 도로 가방에 넣었다.

"도린이라고 해요."

할머니가 미소를 띠고 자신을 소개했다.

"다시 한번 사과드릴게요. 저스틴이 블라초와 약속했다면서 꼭 이 시간에 와야 한다고 고집을 부리더라고요. 그렇다고 밤에 저스틴을 혼자 돌아다니게 할 수 없어서 함께 왔답니다."

할아버지는 두 눈을 비볐다.

"저스틴 맥킨? 네가 바로 캡틴에코니? 블라초가 방문에 너에 대한 쪽지를 붙여 두었거든."

할아버지가 블라초의 방 쪽을 가리켰다.

"그거 보세요. 블라초가 기다릴 거라고 했잖아요."

저스틴이 우쭐댔다.

"하지만 쪽지에는 새벽 세 시에 내 잠을 깨운단 말은 없던데. 물론 전기 흡혈귀에 대한 이야기도 없었고."

할아버지가 대꾸했다.

"그래서 현관문을 최대한 세게 두드렸어요. 그러면 블라초가 일어날 줄 알았거든요."

저스틴이 어깨를 으쓱했다.

"그래, 엄청 세게 두드리더구나. 초인종을 못 알아본 거냐?"

할아버지가 고개를 갸웃거렸다.

"저희 집에는 초인종이 없어서 남의 집에 가서도 초인종을 누르는 게 어색해요. 그리고 초인종을 누르면 전기 흡혈귀가 나타나거든요."

"전기 흡혈귀가 초인종을 좋아하나?"

할아버지가 눈을 가늘게 뜨며 물었다.

"초인종이 바로 전기 흡혈귀예요."

할아버지는 손을 뻗어 저스틴의 어깨를 살짝 꼬집었다. 그러자 저스틴이 '아야!' 하며 소리를 질렀다.

"흠, 허깨비가 아닌 게 확실하구나. 새로 먹기 시작한 약이 너무 독해서 헛것을 보는 줄 알았네."

할아버지가 한숨을 크게 쉬었다.

"저도 그럴 때가 있답니다."

할머니가 할아버지에게 말했다.

"그나저나 잠옷 가운이 멋있네요. 부인이 골라 주셨나요?"

할머니가 감탄하며 물었다.

"전 홀아비랍니다. 아들 부부가 여행을 가서 그동안 손주 녀석을 돌봐 주러 왔죠."

할아버지가 목소리를 가다듬으며 대답했다.

"그럼 여자 친구 분이 고르신 건가요? 안목이 좋으신데요."

할머니가 상냥하게 물었다.

"여자 친구도 없습니다."

할아버지가 헝클어진 머리를 손으로 쓸어 넘기며 대답했다.

할아버지는 할머니를 보고 웃음을 지었다. 할머니도 할아버지를 보고 따라 웃었다.

"어쨌든 여기까지 오셨으니, 차라도 한잔 드시겠어요?"

할아버지와 할머니 사이로 저스틴이 불쑥 끼어들었다.

"지금은 차를 마시며 얘기를 나눌 때가 아니에요! 블라초를 깨워서 집 안 곳곳에 안 쓰는 전자 기기들을 찾아야 해요. 거기에 바로 전기 흡혈귀가 있어요."

세 사람은 블라초의 방 앞에 왔다. 방문에는 쪽지가 압정에 꽂혀 있었다.

오늘 밤에 저스틴이 자기 할머니랑 올 거예요.
무슨 말이든 저스틴이랑 입씨름하지 마세요.
황소고집인 애라서 절대 못 이겨요!

지미 블라초 올림

"황소가 얼마나 영리한데요. 블라초한테 고맙다고 해야겠네요."

저스틴이 씩 웃으며 말했다.

"그런데 이게 무슨 소리지?"

할아버지가 귀를 기울였다. 소리는 방 안에서 들려오다 멈췄다.

"노랫소리 같았는데?"

할머니가 고개를 끄덕이며 말했다.

저스틴은 방문을 두드렸다.

"블라초를 깨우려면 애를 써야 할 거야. 시끄러운 노랫소리로는 어림도 없다. 블라초는 한번 잠들면 누가 업어 가도 모르거든."

할아버지는 방문을 열고 불을 켰다.

그때 아까와 똑같은 노랫소리가 다시 흘러나왔다. 살펴보니 블라초가 스마트폰으로 알람을 설정해 놓은 모양이었다.

"아이고, 시끄럽구나. 제발 저것 좀 꺼 다오."

할아버지가 눈살을 찌푸렸다.

저스틴은 블라초 머리맡으로 가서 스마트폰 알람을 껐다.

"여기도 전기 흡혈귀가 있네요. 충전이 다 되었는데 충전기가 그대로 꽂혀 있어요."

저스틴은 블라초의 스마트폰에 꽂혀 있는 충전기를 빼면서 말했다.

블라초는 아무것도 모른 채 완전히 곯아떨어져 있었다. 강아지 무늬 잠옷을 입고 강아지 모자까지 쓰고 있었다. 곰 인형을 껴안고 코를 드르렁드르렁 골았다. 맑은 침이 줄줄 흘러 베개가 흠뻑 젖어 있었다.

"블라초, 일어나."

저스틴이 블라초의 귓가에 대고 속삭였다.

블라초는 일어나지 않고 계속 코를 골았다.

"일어나라니까!"

저스틴이 버럭 소리를 질렀는데도 코 고는 소리는 멈추지 않았다.

"블라초가 전기 흡혈귀 찾겠다는 약속을 왜 지키지 못했는지 이제 알겠네요."

저스틴이 할머니와 할아버지에게 말했다.

"전기 흡혈귀가 도대체 뭐니? 흡혈귀가 피 대신 전기를 빨아 먹기라도 한다는 거야? 너희가 도대체 무슨 일을 벌이는 건지 알 수가 없구나."

할아버지가 팔짱을 끼고 고개를 가로저었다.

"맞아요! 요즘 흡혈귀는 피가 아니라 전기를 빨아 먹는다고요. 아무래도 블라초는 못 일어날 것 같으니 할아버지와 함께 집 안을 둘러보고 싶어요. 전기 흡혈귀들을 찾아볼 거예요. 실내 온도 조절기부터 살펴보는 게 좋겠어요. 난방이 시작되는 실내 온도를 낮게 설정해 놓아야 난방기가 전기 흡혈귀로 변신하지 않거든요."

저스틴이 할아버지를 잡아끌었다.

"무슨 말인지 하나도 모르겠구나."

"저스틴이랑 같이 있다 보면 저도 그런 생각이 들

곤 한답니다. 아이가 남의 말을 듣는 대신 자기 말만 한다니까요. 이제 차 드시러 갈까요?"

할아버지가 난처해하자 할머니가 상황을 정리하려고 나섰다.

"네, 그러시죠."

할아버지가 반가워하며 고개를 크게 끄덕였다.

"전기 흡혈귀 찾는 게 우선이죠!"

저스틴이 고집스럽게 말하며 앞장섰다.

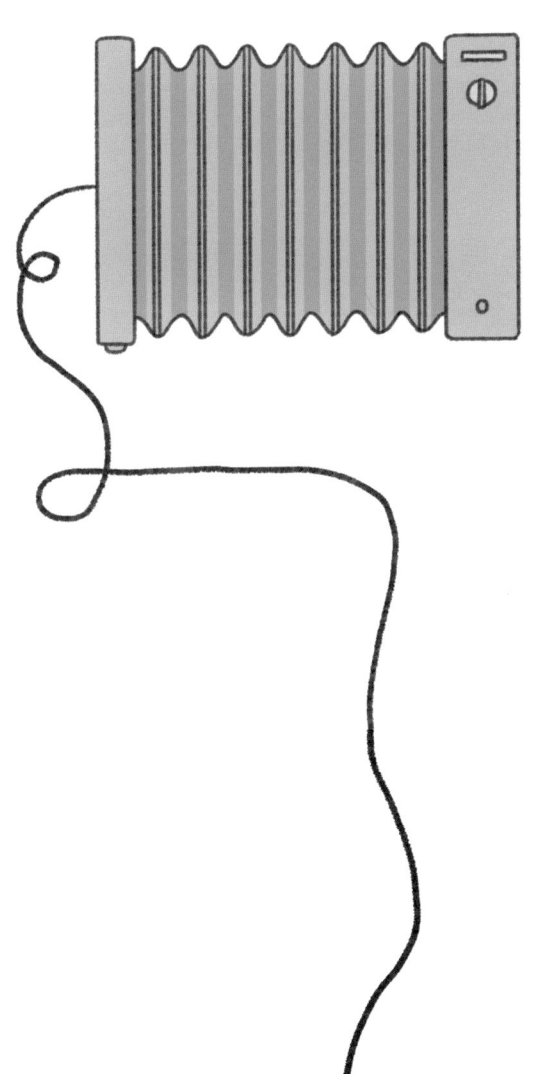

환경에 **관심** 가지기

만약 전기가 없다면?

전기는 우리가 살아가는 데 꼭 필요한 **에너지**야.
만약 정전이 된다면 생활을 **편리**하게 해 주는
전자 기기를 모두 사용할 수 없고,
말 그대로 세상은 멈추게 될 거야.

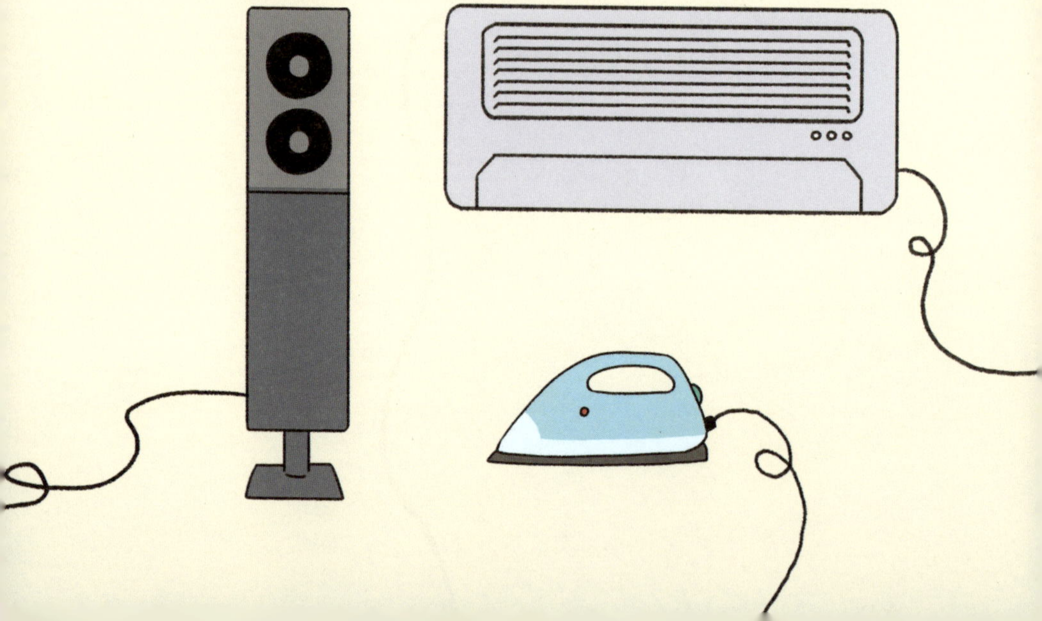

전기는 그냥 만들어지지 않아

전기를 만드는 곳은 발전소야. 발전소에서는 터빈을 빙글빙글 회전시키면서 함께 연결된 발전기를 돌려 전기를 만들어. 그리고 터빈을 회전시킬 때 화력, 원자력, 수력, 풍력, 태양열 등 다양한 에너지를 이용해.

발전소를 움직이는 다양한 에너지

지금은 가장 많지만 점점 줄이고 있는 화력 발전소

화력 발전소는 석탄이나 석유, 가스를 연료로 보일러에서 물을 끓여 만들어진 증기의 힘으로 전기를 만들어. 그런데 문제가 있어. 화력 발전소에서 전기를 만드는 과정에서 이산화탄소, 미세먼지 등 다양한 오염 물질이 배출된대.

이산화탄소가 계속 배출돼 지구에서 필요로 하는 양보다 늘어나면서, 지구 온난화가 심해지고 있어. 게다가 미세먼지 또한 점점 심해져 사람들의 건강을 해치고 있지.

현재 화력 발전소가 차지하는 비중이 높지만, 줄여야 한다는 목소리도 커지고 있어.

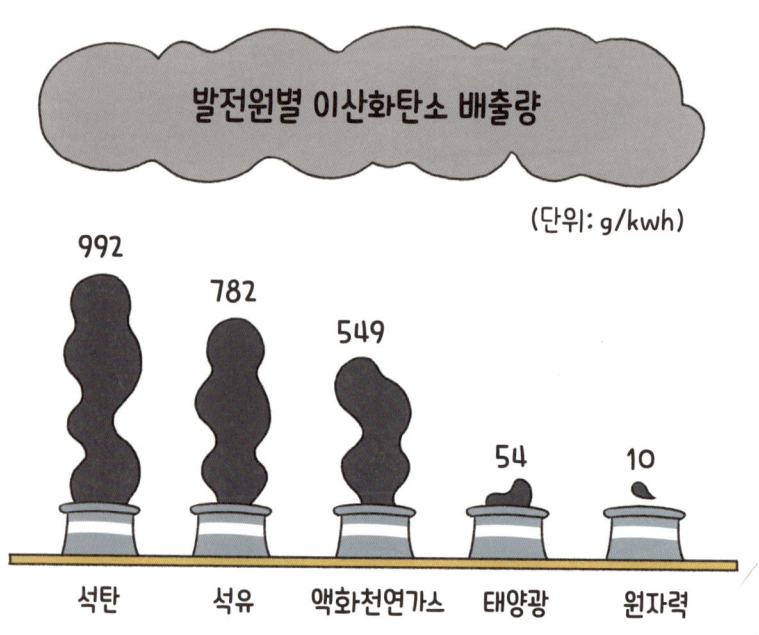

※ 참고 자료 | 국제원자력기구(IAEA)

환경을 위해 전기를 아껴야 해

전기를 낭비하면 어떻게 될까? 발전소가 끊임없이 돌아가게 될 거고, 그만큼 지구의 자원을 함부로 쓰게 되겠지. 환경을 지키려면 전기를 아끼려는 노력이 필요해.

2

전기를 잡아먹는다고?

"박사님, 학생들이 전자 기기들을 어둠 속에 몸을 숨기고 있는 흡혈귀처럼 생각하게 만드는 거예요. 그럼 학생들이 흡혈귀를 쫓을 거예요."

저스틴이 교장 선생님에게 말했다. 교장 선생님은 박사 학위를 받아서 그런지 박사님이라고 불리는 걸 좋아했다.

저스틴은 교장 선생님을 만나기 위해 학교에 일찍 왔다. 교장 선생님은 여느 때처럼 양복 재킷 안에 조끼를 입고 있었다. 그리고 조끼를 잠그고 있는 단추도 평소와 마찬가지로 금방이라

도 튕겨 나갈 것 같았다.

"흡혈귀라고?"

교장 선생님이 책상에 앉으며 물었다.

"정확히 말하면 그냥 흡혈귀가 아니라 전기 흡혈귀예요. 흡혈귀가 피를 빨아 먹듯이 전자 기기가 전기를 빨아 먹으니까요. 여기서 조금, 저기서 조금. 그러다 결국 엄청난 양의 전기가 손실되는 거죠."

저스틴이 열정적으로 설명했다.

"모기랑 똑같구나. 물리면 가려운 것 빼고는 말이야. 흡혈귀한테 물려도 가려우려나?"

"중요한 건 그게 아니고요!"

교장 선생님이 자기 말에 주의를 기울이지 않자, 저스틴이 좀 더 목소리를 높였다.

"전기를 뺏어 가는 것들을 찾아보라는 포스터를 학교 여기저기 붙이는 거예요. '전기 흡혈귀를 잡자!'랑 '전기 모기를 잡자!' 둘 중에 뭐가 더 재미있을까요? 블라초의 할아버지에게 집 안에 숨은 전기 흡혈귀를 찾아야 한다고 말씀드렸을 때도 엄청 흥미를 보이셨거든요."

"모기는 진짜지만 흡혈귀는 진짜가 아니잖아. 학교에 전기를 잡아먹는 것들이 있다면, 진짜 존재하는 것으로 이름을 지어야 하지 않겠니?"

교장 선생님이 말했다.

"박사님, 전기를 뺏어 가는 모기를 잡자고 하면 전기를 빨아들이는 흡혈귀만큼 강한 인상을 주지는 못할 거예요."

저스틴은 미리 그려 둔 포스터를 펼쳐 보였다.

포스터에는 '전기를 빨아 가는 흡혈귀를 잡자!'라고

쓰여 있었다. 뾰족한 송곳니와 뚝뚝 떨어지는 피도 그려져 있었다.

교장 선생님은 콧수염 끄트머리를 손가락으로 배배 꼬았다. 저스틴은 교장 선생님이 무언가를 골똘히 생각할 때 그런 습관이 있다는 것을 눈치챘다. 지난번에 저스틴이 학교에서 플라스틱 용기에 든 생수 대신 음수대의 수돗물을 마시자고 교장 선생님을 설득할 때도 똑같은 행동을 했기 때문이다.

"네 말대로 학생들의 관심을 끌려면 포스터에 전기 흡혈귀라고 쓰는 게 낫겠다."

마침내 교장 선생님이 저스틴의 제안에 동의했다.

"그렇다 해도 한 가지 문제가 남아. 전기를 뺏어 가는 것들에 관심을 갖게 하려고 흡혈귀라는 말을 쓰면, 아직 어린 저학년 학생들은 학교에 진짜 흡혈귀가 있는 줄 알고 무서워할지도 몰라."

저스틴은 교장 선생님의 지적이 옳다는 것을 인정하지 않을 수 없었다.

"박사님 말씀이 맞아요. 어린 학생들을 겁에 질리게 하면 안 되겠지요."

저스틴은 포스터를 접어 교장실 구석에 있는 파란 쓰레기통에 버렸다. 그러고는 가방에서 봉투를 꺼내 들었다.

"이거 상으로 드릴게요."

저스틴이 봉투에서 나무 모양 스티커 하나를 꺼내 교장 선생님에게 건넸다.

"박사님이 환경을 보호하기 위해 몸소 실천하고 계신다는 걸 알고 있거든요. 낮에는 블라인드 커튼을 올려서 전등을 따로 켜지

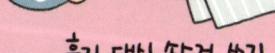

가까운 거리는 자전거나
대중교통 이용하기

휴지 대신 손수건 쓰기

꼭 필요한 물건만 사기
(미리 메모해 두기)

지구를 지키는

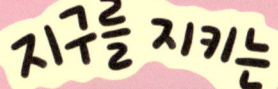

비누칠 할 때
물 잠그기

생활 속 습관들

리필 제품 사용하기

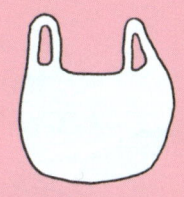

비닐봉투 재사용 하기

분리수거 꼼꼼히 하기

안 쓰는 전등 끄기

않으시고, 퇴근할 때는 잊지 않고 컴퓨터 전원을 끄시죠. 재활용 쓰레기통도 따로 마련하셨고요. 도시락을 담는 봉투도 여러 번이나 다시 쓰셨지요. 이렇게 환경 보호를 위한 작은 실천들이 쌓이고 쌓여서 환경을 살리고 지구를 지키는 것 아닐까요?"

"알아주니 고맙구나."

교장 선생님은 감격해서 너그러운 목소리로 말을 이었다.

"자, 그럼 포스터는 어떻게 할까? 다른 아이디어는 없니?"

"지폐를 무더기로 그려 넣는 건 어떨까요? 돈이라면 누구나 흥미 있어 하잖아요."

저스틴이 대답했다.

"좋은 생각이다. 사실은 내가 전력 측정기를 산 이유는 전기를 절약하면 돈을 아낄 수 있다는 걸 저스틴 네가 알려 줘서야. 내가 산 최신형 전력 측정기는 우리가 전기를 얼마나 쓰는지를 측정해 메일과 스마트폰 앱으로 데이터를 보내 준단다. 정확히는 전력 소비량을 그래프로 표시해 주지. 시간대별, 일별, 월별, 연별로 말이야. 이 데이터를 바탕으로 학교 전기 사용량을 줄여 나갈 예정이란다. 그러면 자연스럽게 전기 요금도 줄일 수 있겠지!"

교장 선생님이 흡족한 미소를 지었다.

"맞아요, 전력 측정기가 도착하자마자 저한테 측정기의 기능을 귀에 딱지가 앉도록 설명해 주셨잖아요. 그리고 전력 측정기를 두 개나 사셔서 제가 하나 빌려 썼지요. 그런데 말이에요, 박사님! 방금 박사님 덕분에 좋은 아이디어가 떠올랐어요!"

"지폐를 잔뜩 쌓아 올린 그림이라도 그리려고?"

"그거 말고요. 포스터에 세상에서 가장 유명한 탐정을 그리는 거예요. 셜록 홈스를 말하는 건데요. 그리고 '여러분이 셜록 홈스입니다. 전기 도둑을 잡아 주세요!'라고 쓰는 거죠."

저스틴이 신나게 말했다.

"훨씬 낫구나."

교장 선생님이 고개를 끄덕였다.

"그럼 오늘 수업 마치고 전기 도둑을 함께 찾으러 다닐 친구는 누구냐?"

"지미 블라초요."

저스틴이 얼른 대답했다.

"지미 블라초라고?"

교장 선생님이 되물었다.

"놀랍구나. 이런 일을 좋아하는 녀석이 아닌 줄 알

앉는데."

"걱정 마세요. 같이 점심 먹으면서 꼭 필요한 일이라고 하면 해 줄 거예요."

저스틴은 확신에 찬 얼굴로 씩 웃었다.

저스틴은 학생 식당에서 블라초와 함께 앉아 있었다. 저스틴과 블라초의 친구인 사프다르가 둘에게 다가왔다.

"나랑 손바닥 마주치자."

사프다르가 손바닥을 펼치며 저스틴에게 말했다.

저스틴은 짝 소리가 나도록 손바닥을 부딪쳤다. 그러다 '으악!' 하고 외마디 비명을 지르며 자기 손바닥을 만졌다.

"속았지? 손에 투명한 크림을 잔뜩 발랐거든! 진득거려서 느낌 진짜 이상하지? 마이클한테도 빨리 써먹어 봐야겠다."

사프다르가 낄낄 웃어 댔다.

"휴지 좀 갖다 줄래?"

저스틴이 사프다르에게 말했다.

"그럴 거면 내가 뭐 하러 장난을 쳤겠냐?"

사프다르가 대꾸했다.

"저스틴한테 빨리 휴지 갖다 줘라, 응?"

블라초가 사프다르를 매섭게 노려봤다.

"알았어, 당장 갖다 줄게."

사프다르가 허둥지둥 휴지를 찾았다.

"고마워, 블라초."

저스틴이 씩 웃었다.

"블라초라고 부르지 말랬지."

블라초가 퉁명스럽게 말했다.

"알았어. 그런데 블라초, 학교 끝나고 네가 도와줄 일이 있는데. 다 환경을 위한 거야."

저스틴이 능청스럽게 말했다.

"더는 안 돼. 우리 집에 와서 전기를 뺏어 가는 흡혈귀를 몽땅 잡은 걸로는 모자라는 거야? 비록 내가 알람 소리를 못 듣고 계속 자는 바람에 할아버지가 널 맞이하긴 했지만 말이야."

블라초가 어깨를 으쓱했다.

"내가 방에 들어온 줄도 모르고 자더라."

저스틴이 대꾸했다.

블라초가 뭐라고 대답하기도 전에, 또 다른 친구 마

이클이 식탁 앞으로 와서 말했다.

"안녕, 저스틴. 자, 여기 빨대."

"나 빨대 잘 안 쓰는데. 하지만 이미 비닐을 벗겼으니 내가 안 써도 결국 버려야겠지? 그렇다면 고맙게 잘 쓸게."

저스틴은 빨대를 우유갑에 꽂고 빨아 먹기 시작했다. 그러자 빨대에서 우유 방울들이 흘러나와 저스틴의 셔츠를 적셨다.

"속았지? 빨대에 핀으로 구멍을 잔뜩 뚫어 놨거든. 사프다르도 속아 넘어가겠지?"

마이클이 킥킥거렸다.

"휴지 좀 갖다 줄래?"

저스틴이 마이클에게 말했다.

"그러면 장난친 보람이 없지."

마이클이 대꾸했다.

"좋은 말로 할 때 갖고 와라."

블라초가 마이클에게 눈을 부라렸다.

"알았어, 바로 갖고 올게."

마이클도 헐레벌떡 휴지를 가지러 갔다.

이제 다시 식탁에는 저스틴과 블라초 둘이서만 남게 됐다.

"수업 끝나면 학교 건물을 돌아다니면서 대기 전력을 차단할 건데, 네 도움이 필요해. 너희 집에서 했던 거랑 똑같은 거야."

저스틴이 블라초에게 말했다.

"난 대기 전력에 관심이 없다고! 우리 집에 전기 흡혈귀를 잡으러 온 것도 네 마음대로 온 거잖아. 그리고 난 남을 돕는 취미는 더더욱 없어!"

블라초가 콧방귀를 뀌었다. 더 이상 저스틴에게 휘말리고 싶지 않다는 듯이 고개도 돌렸다.

"아냐, 블라초. 너는 분명 남을 돕는 걸 좋아할 거야. 잘 때 강아지 무늬 잠옷을 입고 자는 사람이라면 분명 다정할 테니까."

저스틴의 말을 듣고 블라초 얼굴이 갑자기 하얗게 질렸다.

블라초가 잔뜩 당황해서 저스틴에게 대꾸하려고 입을 열려고 할 때 마이클과 사프다르가 휴지를 가지고 돌아왔다.

"나랑 손바닥 마주치자."

사프다르가 마이클에게 말했다.

"좋아. 참, 내가 널 위해 빨대를 갖고 왔어."

마이클이 사프다르에게 말했다.

사프다르가 빨대를 받아 들며 마이클과 손바닥을

부딪쳤다.

"으악! 이 진득거리는 건 뭐야?"

마이클이 손을 털며 말했다.

사프다르가 낄낄 웃으며 우유갑에 빨대를 꽂고 쪽 빨아들였다. 우유가 사프다르의 셔츠 앞자락에 주르륵 흘러내렸다. 마이클이 깔깔거리며 웃었다.

"너희 둘, 휴지나 더 가져오는 게 낫겠다. 돌아오면 블라초랑 내가 너희에게 맡길 탐정 임무에 대해 설명해 줄게."

저스틴이 말했다.

"좋아."

마이클이 대답했다.

"알았어."

사프다르도 대답했다.

마이클과 사프다르가 멀어지자, 저스틴은 가방에서 껌을 꺼내 꼭꼭 씹다가 뱉었다. 그러고는 두 덩이로 나눠서 마이클과 사프다르가 앉을 의자 위에 붙였다.

"둘 다 이제 정신 좀 차리겠지?"

저스틴이 씩 웃었다.

"아까 그게 무슨 말이야? 내가 강아지 무늬 잠옷을 입고 잔다는 걸 다른 아이들한테 말하려는 거야?"

여전히 하얗게 질린 얼굴로 블라초가 물었다.

"블라초, 무슨 소리야. 곰 인형을 안고 자는 것도 잘못은 아니잖아. 그저 네가 대기 전력 차단하는 일을 도와줬으면 하는 거지."

저스틴이 어깨를 한 번 들썩이며 말하자 블라초는 겁에 질려서 얼굴이 더 하얗게 변했다.

"지금 나 협박하는 거지!"

"너희 둘, 학교 끝나면 나랑 블라초가 대기 전력 조사하는 것 좀 도와줘."

마이클과 사프다르가 자리로 돌아오자 저스틴이 말했다.

"도와줘야 한다고?"

마이클이 발끈했다.

"당연하지."

블라초가 낮은 목소리로 대신 대답했다.

"알았어, 도울게. 그렇지, 사프다르?"

마이클이 블라초 눈치를 살폈다.

"대기 전력이 뭐야? 무서운 건 아니지, 응? 난 무서운 건 질색이야."

사프다르가 물었다.

"블라초, 바로 좀 전에 대기 전력이 뭔지 내가 얘기해 줬으니 이제는 네가 마이클과 사프다르한테 설명해 주는 게 어떨까?"

저스틴이 블라초를 부추겼다.

"그러고 싶지 않은데."

블라초가 퉁명스럽게 대꾸했다.

"음, 강아지랑 곰이랑……."

저스틴이 시치미를 떼며 조그맣게 중얼거렸다.

"대기 전력이란 쉽게 말해 전자 기기의 전원이 꺼져 있는데도 나중에 다시 켜질 때를 기다리면서 쓰이는 전기를 말해. 전원을 껐어도 플러그가 콘센트에 꽂혀 있으면 대기 전력이 발생하지."

블라초가 재빨리 설명했다.

"난 또 엄청 커다랗고 무시무시한 건 줄 알았네."

사프다르가 말했다.

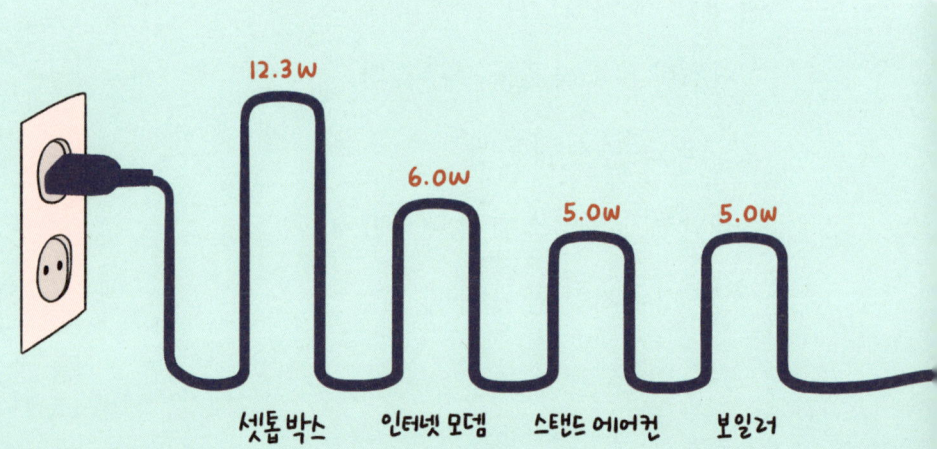

"전기를 아끼려면 전자 기기를 쓰지 않을 때 전원만 끄는 게 아니라 아예 플러그를 뽑아 놔야 해."

블라초는 한숨을 내쉬었다.

"아, 그 대기 전력 말이지. 난 알고 있었어."

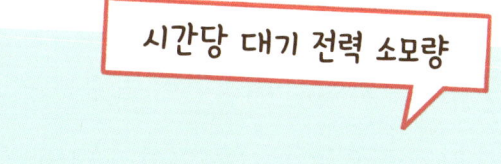

시간당 대기 전력 소모량

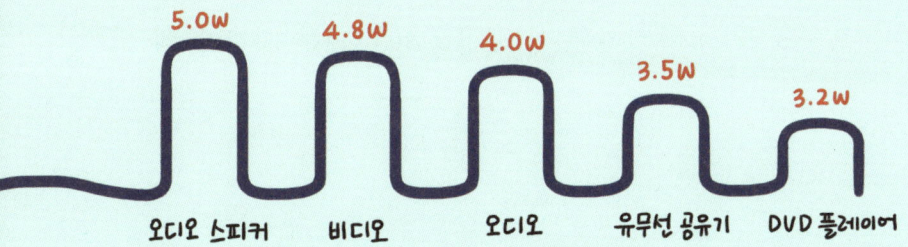

5.0W 오디오 스피커
4.8W 비디오
4.0W 오디오
3.5W 유무선 공유기
3.2W DVD 플레이어

※참고 자료 | 한국전기연구원

마이클이 아는 척했다.

"흥, 정말 아는 거 맞아? 그러면 이것도 알고 있어? 가정집에서 대기 전력으로 인해 사용되는 전기가 전체 전기 사용량의 약 10퍼센트 이상이나 된다고 해. 그러니까 학교와 가정에서 쓰지 않는 전자 기기들의 플러그를 뽑아 놓으면 전기 요금을 아낄 수 있겠지."

블라초가 눈을 가늘게 뜨고 비꼬듯 말했다.

"블라초, 대기 전력에 대해 잘 알고 있구나! 마이클과 사프다르한테 대기 전력을 어떻게 측정할 수 있는지도 알려 주지 않을래?"

옆에서 듣고 있던 저스틴이 박수를 쳤다.

"대기 전력으로 전기를 얼마나 낭비하고 있는지 측정하려면 전자 기기를 거의 사용하지 않는 시간에 해야 하지."

블라초의 말이 끝나자마자 저스틴이 말을 이었다.

"맞아! 그래서 내가 박사님한테 전력 측정기를 빌려서 블라초네 집에 설치하고 실험해 봤어. 물론 블라초에게 미리 허락을 받았지! 먼저 평소에 전기를 얼마나 쓰는지 확인하고 나서, 오늘 새벽에 방문해서 안 쓰는 전자 기기를 몽땅 껐어. 그런데 결과가 어땠는 줄 알아? 전날과 비교해서 전기 사용량이 확 줄어든 거야!"

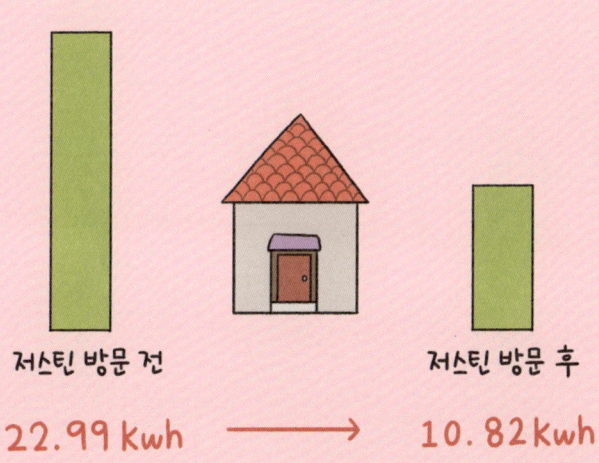

저스틴 방문 전
22.99 kwh ⟶ 저스틴 방문 후
10.82 kwh

저스틴은 신나서 손을 번쩍 들어 올렸다.

"전력 측정기를 사용하는 가장 큰 목적은 전자 기기들이 사용하는 전기를 측정해서 데이터를 만들어 비교하기 위함이지. 오늘은 수업을 마치고 우리 넷이 교실마다 돌아다니면서 쓰지 않는 전자 기기의 플러그를 뽑을 거야. 전력 측정기는 박사님이 이미 설치해 주셨으니까 데이터가 메일로 오기를 기다리기만 하면 돼."

저스틴이 눈을 빛내며 말했다.

"그거참 재밌겠다. 그런데 난 화장실 변기를 닦는 게 낫겠어."

마이클이 투덜거렸다.

"야, 저스틴 말 똑똑히 들어."

블라초가 인상을 구기며 으르렁거렸다.

"큭!"

덩달아 투덜거리려고 했던 사프다르가 입을 꾹 다물었다.

"자, 그럼 수업 마치고 안 쓰는 전자 기기 찾는 거지?"

마이클이 재빨리 나섰다.

"응, 정말 재밌겠다."

사프다르도 마지못해 대꾸했다.

마이클과 사프다르는 의자에서 재빨리 일어나 자리를 떴다. 둘의 바지 뒤쪽에는 저스틴이 씹던 껌이 달라붙어 있었다.

"오래된 수법이지만, 역시 웃기다니까. 안 그래?"

저스틴이 키득거렸다.

"오늘 널 도와주는 대신에 강아지 무늬 잠옷이랑 곰 인형은 머릿속에서 지워 줘! 알겠지?"

블라초가 부루퉁한 얼굴로 말했다.

"강아지 무늬 잠옷 입은 네 모습이 얼마나 새로웠는데. 모자까지 달려 있어서 더 귀여웠단 말이야."

저스틴이 상상하며 말했다.

"이제 그만해. 잠옷은 내 취향이 아니야. 그냥 엄마가 사다 주신 걸 입었을 뿐이라고."

블라초는 울상을 지었다.

환경 키워드를 **공유**하기

전원을 꺼도 전력이 흐르는 대기 전력!

전자 기기의 전원 버튼을 살펴보자.
전원 버튼의 원 안에 선이 있다면
대기 전력을 소모하지 않는 기기고,
전원 버튼의 원 밖에 선이 나와 있다면
대기 전력을 소모하는 기기라는 뜻이야.

#대기 전력

전자 기기가 외부 전원과 연결된 상태에서 주된 기능을 수행하지 않거나 다시 켜지기까지 기다리면서 소모하는 전력을 대기 전력이라고 해. 그래서 대기 전력을 전기를 잡아먹는다는 뜻으로 전기 흡혈귀(Power Vampire)라고 부르기도 해.

#대기 전력을 줄이는 방법

대기 전력의 낭비를 막으려면 사용하지 않는 전자 기기의 플러그를 뽑는 것이 가장 좋은 방법이야. 스위치가 있는 멀티탭을 사용하는 것도 좋아. 플러그가 멀티탭에 꽂혀 있는 상태에서 스위치만 꺼도 플러그를 뽑는 효과와 같거든.

과거 VS 현재

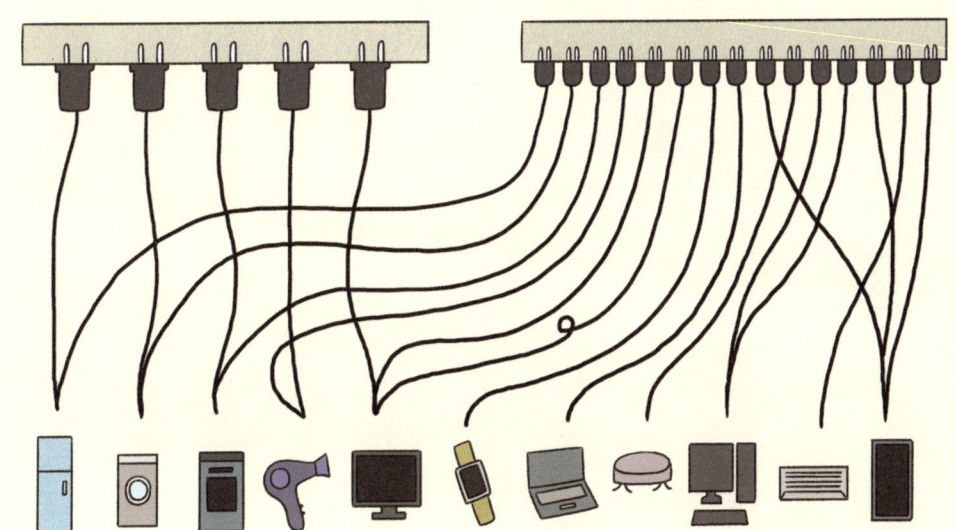

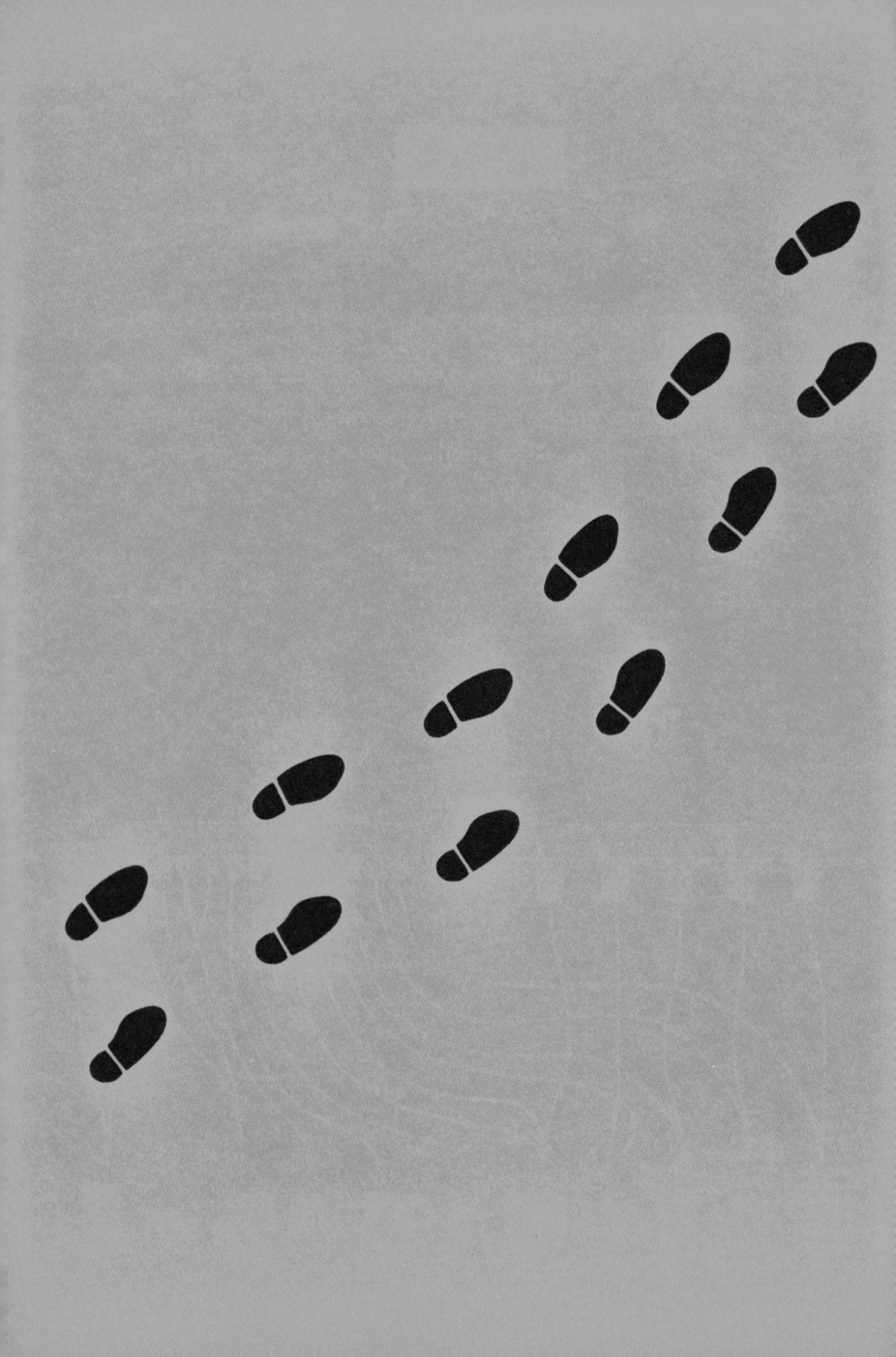

3

숨은 전기 도둑 찾기

"이제 거의 다 한 것 같아."

저스틴이 블라초에게 말했다.

"거의?"

블라초가 놀라서 다시 물었다.

"거의라고? 마이클이랑 사프다르는 집에 보내 줬잖아. 우린 집에 언제 가?"

저스틴과 블라초는 복도 끄트머리에 있는 수위실로 가고 있었다.

"얼마나 늦었는지 시계 좀 봐."

블라초가 벽시계를 가리켰다.

"오후 다섯 시네. 시계 보기 참 쉽지?"

저스틴이 고개를 끄덕였다.

"그래, 오후 다섯 시나 됐다고!"

블라초가 저스틴의 말을 되풀이했다.

"전자레인지나 오디오 같은 전자 기기에는 전기를 쓰는 디지털 시계가 붙어 있어. 하지만 우리 눈앞에 이렇게 멀쩡한 벽시계가 있잖아. 시계를 보려고 굳이 쓰지도 않는 전자 기기들의 플러그를 꽂아 둘 필요는 없다고 생각해. 쓸데없이 전기 잡아먹는 기기들을 다 껐으니 뿌듯하지 않니?"

저스틴이 만족스러운 듯이 미소를 지었다.

"하지만 요새는 스마트폰으로도 전자 기기들을 끌 수 있잖아."

블라초가 퉁명스럽게 쏘아붙였다.

"맞아! 스마트폰 같은 스마트 기기로 다양한 일을 할 수 있지만, 그만큼 에너지를 낭비하고 있는 것도 알아야 해. 스마트 기기로 편리하게 조작하려면 전자 기기들은 플러그가 계속 꽂혀 있어야 하니까."

저스틴의 말에 블라초가 입을 다물고 앓는 소리를 냈다.

"아무튼 이제 집에 가고 싶단 말이야."

"이제 곧 끝나."

저스틴은 대답하면서 가방에서 수첩과 연필을 꺼냈다. 그리고 연필로 수첩에 뭔가를 열심히 적었다.

"따져 보니까 네가 나무 한 그루를 심은 셈이더라. 이따가 기념으로 상을 줄게."

저스틴이 말했다.

"나무 스티커 말이지? 그래, 고마워 죽겠다."

블라초가 샐쭉한 표정을 지었다.

"스티커가 중요한 게 아니야. 이 상이 담고 있는 의미가 중요하지. 오늘 네가 한 작은 실천들이 쌓이면 해마다 이산화탄소 배출량을 줄일 수 있어. 환경을 위해 실천하고 나무 스티커를 하나 받으면, 그건 숲에 나무 한 그루를 심은 것과 같은 셈이지."

저스틴이 말하자 블라초는 괜스레 뒤통수를 긁적

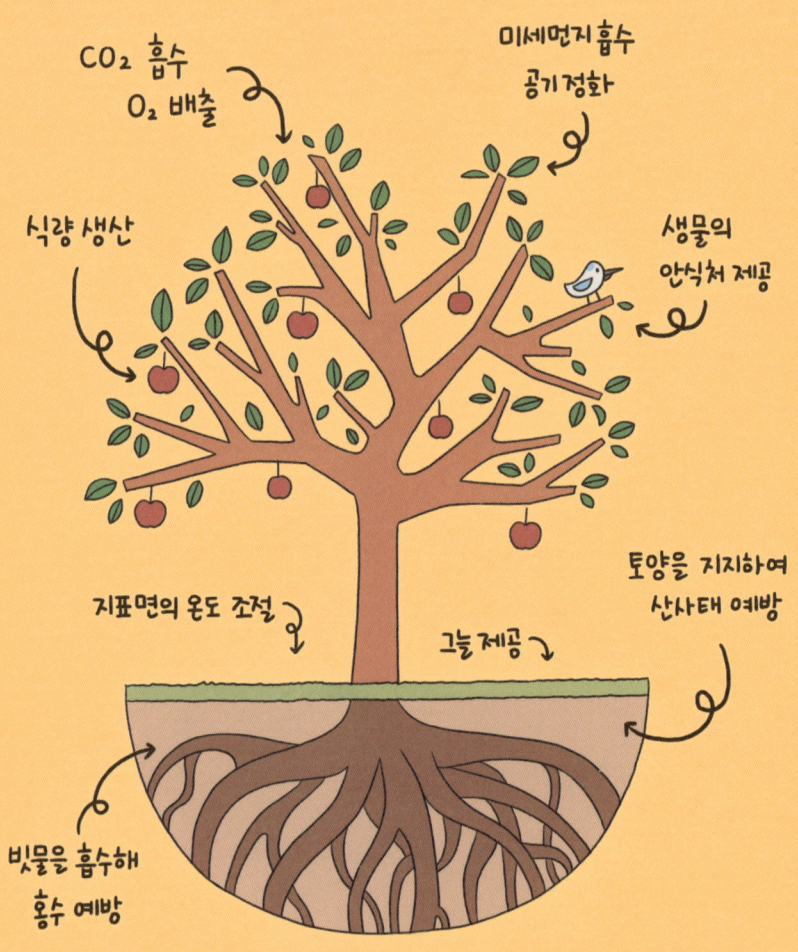

였다.

"뭐 그렇다면, 나도 나무 스티커를 받아서 기뻐. 그런데 빨리 끝내고 집에 가면 더 기쁠 것 같다. 자, 뭐가 남았지?"

"수위 아저씨한테 드릴 말씀이 있어."

"수위 아저씨한테? 너 수위실에서 흘러나오는 음악 소리 들어 본 적 있어? 헤비메탈을 들으시더라. 이번 주말에 무슨 록 밴드 경연 대회 같은 데도 나가신다던데."

"나도 알아."

저스틴이 말을 이었다.

"수위실 벽에 헤비메탈 가수들의 포스터로 도배를 하셨더라고. 그건 개인의 취향이지만 음악을 안 들으실 때 오디오의 플러그를 뽑지 않으시는 건 문제라고 생각해. 그런데 요즘 아저씨를 만나기가 힘들어."

"이상하네. 원래는 수위 아저씨가 널 감시하고 다니셨는데 말이야. 네가 무슨 일을 벌이려고 하면 불쑥불쑥 튀어나오셨잖아."

"아, 잘됐다. 마침 수위실에 계셔."

저스틴이 수위실 문 앞에 멈춰 서서 말했다.

수위실 문은 굳게 닫혀 있었다. 창문이 없는 사무실이었다.

"네가 그걸 어떻게 알아?"

블라초가 궁금해했다.

"발밑을 봐. 문 아래쪽에서 빛이 새어 나오고 있잖

아. 원래는 아저씨가 수위실에 안 계실 때도 불이 켜져 있었거든. 그런데 내가 몇 번 말씀드렸더니 이제는 아저씨가 수위실에 계실 때만 불을 켜 두시더라고."

저스틴이 문을 두드리며 말했다.

"아저씨, 저스틴이에요."

"지금 아무도 없다."

문 뒤편에서 목소리가 들렸다.

"그럼 왜 불이 켜져 있어요?"

바로 불이 꺼지고 문 아래쪽도 어두워졌다.

"지금 아무도 없다니까."

수위 아저씨가 말했다.

"그럼 돌아오실 때까지 여기서 기다릴게요. 문밖에 서 있으면 되죠. 언젠가는 수위실에 돌아오시겠죠?"

잠시 후 문이 빼꼼 열렸다. 수위 아저씨는 저스틴이 수위실 안을 볼 수 없도록 문틈으로 머리만 내밀었다. 불은 여전히 꺼져 있었다.

"그래, 또 무슨 일이냐? 이번엔 또 무슨 엉뚱한 짓을 하려는 거야?"

수위 아저씨가 볼멘소리로 말하자, 저스틴이 웃으며 말했다.

"아저씨 얼굴이 왜 그래요? 눈 밑에 검댕이 묻었어요."

문이 닫히고 안에서 불 켜는 소리가 들렸다. 정확

히 5초 후에 문이 다시 열렸다. 수위 아저씨 얼굴에 묻어 있던 검은 얼룩은 사라지고 없었다.

"무슨 일이냐니까?"

이번에도 수위 아저씨가 머리만 내밀고는 물었다.

"저랑 블라초, 마이클과 사프다르가 학교 건물을 돌아다니면서 전기를 잡아먹는 기기들을 전부 껐다고 말씀드리려고요. 혹시 저희가 놓친 걸 찾으시면 플러그 좀 뽑아 주시겠어요?"

"그게 다냐? 개똥 모으기나 개털로 스웨터 뜨기, 돼지 오줌으로 만든 플라스틱 접시 팔기 같은 별난 짓은 아니구나."

수위 아저씨가 눈을 가늘게 떴다.

"이번엔 아니에요. 하지만 별난 생각이 떠오르면

가장 먼저 아저씨한테 말씀드릴게요."

저스틴이 활기차게 대답했다.

수위 아저씨는 고개를 절레절레 흔들더니 문을 닫았다.

"말도 안 돼! 할머니, 이것 좀 보세요!"

저스틴이 할머니를 소리쳐 불렀다.

밤 아홉 시였다. 저스틴은 할머니와 함께 쓰는 컴퓨터 앞에 앉아 있었다. 할머니는 소파에 앉아서 책을 읽다가 저스틴이 부르는 소리를 듣고 컴퓨터 앞으로 서둘러 다가왔다.

"뭐가 말이 안 된다는 건지 설명해 보렴. 난 선과 숫자들밖에 못 알아보겠구나."

할머니가 컴퓨터 화면을 들여다보며 말했다.

"박사님이 전력 측정기 두 대를 들이셨다는 이야기 기억하시죠? 전기를 아끼면 돈을 엄청 절약할 수 있다고 말씀드렸더니 허락하셨잖아요."

"기억하고말고. 한 대는 가정용으로, 또 한 대는 학교에서 쓸 거라고 했잖니. 전기를 아끼기 위해 집에서 전기를 얼마나 쓰는지 측정해 보고 싶은 사람은 누구나 빌려 갈 수 있다고 하지 않았어?"

할머니가 물었다.

"네, 맞아요. 그래서 제일 먼저 우리 집에서 써 봤잖아요. 그런 다음 블라초네 집에서 사용했고요. 전력 측정기가 측정한 데이터를 메일과 스마트폰 앱으로 전송해 주면, 우리가 평소에 전기를 얼마나 쓰는지 알 수 있죠. 지금 할머니와 제가 살펴보고 있는 바로 이 그래프예요."

컴퓨터 화면에는 높이가 들쭉날쭉한 그래프가 가득했다.

"대단하구나."

할머니가 말했다.

"그런데 좀 이상해요. 지금 보는 그래프는 블라초네 집에서 측정한 기록이거든요. 지난번에 저희가 전기 잡아먹는 기기들을 다 껐더니 전기 사용량이 내려갔잖아요?"

할머니가 고개를 끄덕였다.

"그런데 전기 사용량을 보여 주는 그래프가 다시 위로 치솟았어요."

저스틴이 컴퓨터 마우스를 움직이자 새로운 그래프가 화면에 나타났다.

"이것도 이상하긴 마찬가지예요. 이건 학교에서 기록한 전기 사용량 그래프인데요. 지난 닷새 동안 학교 끝나고 친구들과 함께 전기 도둑을 모두 잡았거든요. 그러면 학교 전기 사용량이 줄어들어야 하잖아요."

"그렇지."

할머니가 대답했다.

"그런데 전기 사용량이 닷새 전과 변한 게 하나도 없어요! 말이 안 되잖아요."

저스틴이 외쳤다.

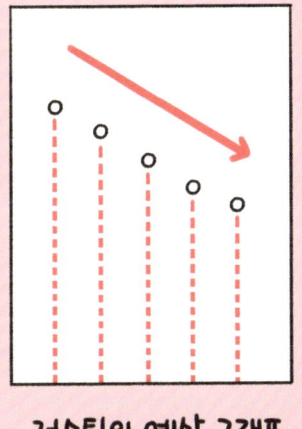
저스틴의 예상 그래프

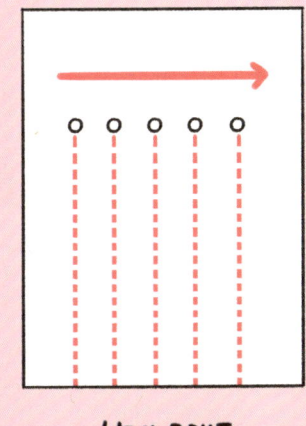
실제 그래프

"무슨 문제가 생겼는지는 모르지만 아마 네가 잘 풀 거라고 믿는다. 넌 항상 해결책을 찾아내니까."

할머니가 저스틴을 격려해 줬다.

"지금 당장 학교로 뛰어가서 이유를 알아내고 싶은 마음이 굴뚝같아요."

저스틴은 다시 블라초네 전기 사용량을 보여 주는 그래프로 화면을 바꿨다.

"하지만 밤이 늦었으니까 학교에 달려가는 대신에 블라초한테 전화해서 무슨 일이 벌어지고 있는지 물어봐야겠어요."

"지금 블라초네 집에 직접 가는 건 어떠냐? 아무리 자기 집이라도 전기 사용량에 대해 블라초가 다 알 수는 없을 거야. 게다가 아마 지금쯤이면 곯아떨어졌을 게다. 아무리 깨워도 못 일어나는 아이잖니."

"좋은 생각이네요. 할머니가 저 좀 데려다주실래

요?"

할머니가 저스틴의 손을 꼭 잡으며 대답했다.

"지구를 지키는 일이라면 언제든 환영이지. 그럼 잠시만 기다려라. 머리 손질 좀 하고 가야겠다."

환경을 위해 **실천**하기

액션!

슬기로운 전기 절약 생활

전기 에너지를 아끼는 일은 지구를 지키는 일이야.
일상생활에서 누구나 충분히
실천할 수 있는 방법을 알아보자.

슬기로운 에너지 절약 습관

- ☑ 보온 기능 사용 시간 줄이기
- ☑ 압력밥솥 사용하기

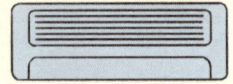
- ☑ 적정 실내 온도 설정하기 (여름 26도 정도)
- ☑ 선풍기를 함께 사용하기

- ☑ 흡입력 세기 낮춰서 사용하기
- ☑ 필터 청소 자주 하기

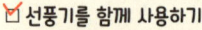
- ☑ 화면 밝기 알맞게 조절하기
- ☑ 사용하지 않을 때 셋톱박스도 끄기

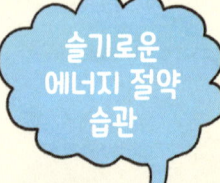
- ☑ 절전모드 사용하기
- ☑ 불필요한 프로그램 종료하기

- ☑ 빨랫감 모아서 한 번에 빨기
- ☑ 찬물로 세탁하기

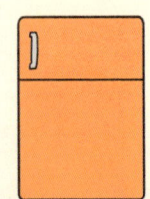
- ☑ 냉장실 60%만 채우기
- ☑ 냉장고 문 자주 열지 않기

사용하지 않는 전자 기기의 플러그 뽑기

사용하지 않을 때 새어 나가는 대기 전력을 잡으면 에너지 낭비를 막을 수 있어.

사용하지 않는 전등 끄기

사람이 없는 방, 쓰지 않는 화장실 등은 전등을 끄자. 해가 잘 들어오는 낮이라면 불을 끄고 생활하는 것도 좋아.

실내 온도를 적절하게 유지하기

더운 여름철에는 냉방기, 추운 겨울철에는 난방기 때문에 전기 사용량이 많아져. 실내 온도를 여름철에는 26도 정도로, 겨울철에는 20도 정도로 맞추는 것이 적절해. 그리고 겨울철에는 따뜻한 옷을 챙겨 입고 실내 온도를 몇 도만 더 낮춰도 전기를 아낄 수 있어.

전자 기기의 사용 시간을 조금씩 줄여 보기

스마트폰, 텔레비전, 컴퓨터 등 자주 쓰는 전자 기기를 꼭 필요할 때만 사용해 보자. 그리고 냉장고 문을 자주 열지 말고, 전기밥솥은 밥 지을 때만 사용하고 남은 밥은 냉동 보관해서 데워 먹는 것도 좋아. 또한 세탁기는 자주 사용하는 것보다 빨랫감을 모아서 한꺼번에 세탁해 세탁기 사용 횟수를 줄여 보자.

4 수위 아저씨의 비밀을 지켜라

다음 날 저녁, 학교는 쥐 죽은 듯이 조용했다. 저스틴과 블라초는 텅 빈 복도를 걸어가고 있었다.

"집에서 학교까지 오는 길에 봤어? 우리 동네 가로등이 너무 밝은 것 같아. 가로등 불빛이 퍼지지 않고 빛이 필요한 아래쪽 길만 비춘다면, 에너지도 아끼고 빛 공해도 줄일 수 있을 거야. 시청에 건의해야겠어!"

"그렇지, 밤에 인공조명이 너무 밝아서 생기는 빛 공해는 사람에게도 좋지 않지만, 새들도 길을 잃고 건물 유리창에 부딪힐 수 있거든. 하지만 가로등 건의하러 시청에 갈 때는 저스틴 너 혼자 가. 제발 날 끌어들이지 말고."

저스틴의 말에 블라초가 얼른 말을 덧붙였다.

"그건 그렇고, 예감이 별로 안 좋아."

에너지도 아끼고 빛 공해도 줄이는 가로등

블라초가 고개를 떨구며 말했다.

"우리가 그동안 전기 잡아먹는 기기들을 찾아다니며 대기 전력을 차단했는데도 전기 사용량이 줄지 않아서 그래? 박사님이 아시면 별로 좋아하지 않으실까 봐?"

저스틴이 블라초의 생각을 읽은 듯 종알거렸다.

"응."

블라초가 대답했다.

"게다가 학교 전기 사용량이 줄지 않는 원인을 찾고 있는데도 아직 단서조차 못 잡아서 그러지?"

"응."

저스틴의 말에 블라초가 또 대답했다.

"전력 측정기를 이용해서 전기 요금을 줄이겠다고 약속했는데, 실패로 돌아가서 박사님이 화내실까 봐 걱정돼?"

"그래."

블라초는 연거푸 고개를 끄덕였다.

"교장실에 가서 나쁜 소식이 있다고 전하는 게 무서워?"

"아니."

이번에는 블라초가 다르게 대답했다.

"아니라고?"

저스틴이 되묻자 블라초가 퉁명스럽게 대꾸했다.

"교장실에는 우리가 아니라 저스틴 너만 들어갈 거니까."

"비록 박사님이 바라시는 대로 되지는 않았지만 그렇다고 포기할 수는 없어. 내가 언제 어디서나 편한 엘리베이터나 에스컬레이터 대신 계단을 이용하는 것처럼 에너지 절약은 실천해야 의미가 있는 거야. 우리가 사는 지구를 위해서 말이야. 그래서 나는 박사님한테 전기를 아끼는 일을 그만두지 않을 거라고 말씀드릴 거야."

저스틴은 계속 걸어가며 작은 가방에서 수첩을 꺼내 펼쳤다.

"적어도 전기 도둑을 잡으려고 돌아다니다가 학교가 좀 더 친환경적인 공간이 되도록 고쳐 놓은 것도 있으니까. 미술실에서 물방울이 똑똑 떨어지고 있는 수도꼭지를 잠근 것, 분리수거함이 사라진 교실에 새로운 분리수거함을 다시 갖다 놓은 것, 아무도 없는 시간에 활짝 열려 있던 창문 네 개를 꼭 닫은 것 말이야. 이런 게 쌓이고 쌓이면 충분히 상을……."

"나무 스티커를 받을 수 있다고?"

블라초가 저스틴의 말을 자르면서 대꾸했다.

"바로 그거야."

저스틴이 엄지와 검지를 마주쳐 딱딱 소리를 내며 말했다.

"아, 방금 좋은 생각이 떠올랐어. 전교생을 대상으

"와, 알고 보니 내가 아니라 네가 천재였구나."

저스틴은 고개를 끄덕이면서 블라초가 제안한 이야기들을 수첩에 받아 적었다.

"그럼 이제 전기 잡아먹는 기기들을 다 껐는데 왜 전기 사용량이 줄어들지 않는지만 밝혀진다면 좋을 것 같은데……."

그때 블라초가 손을 들어 저스틴의 말을 막았다.

"가만, 저게 무슨 소리지?"

저스틴은 고개를 살짝 기울이고 눈을 찡그렸다.

"잘 안 들려. 그런데 록 음악 소리 같기도 해."

"굉장히 시끄러운 걸 보니 헤비메탈인가 보다. 저쪽 복도 끝에 있는 강당에서 나는 소리 같은데?"

블라초가 손짓했다.

"헤비메탈이라……. 하지만 이 밤에 누가 시끄러운 록 음악을 듣는 거지?"

저스틴이 고개를 갸웃거렸다.

저스틴과 블라초는 강당 밖 복도에 도착했다. 음악 소리가 어찌나 큰지 바닥이 쿵쿵 울렸다.

저스틴은 문을 활짝 열어젖혔다. 블라초는 까치발을 들고 저스틴 등 뒤에서 강당 안을 흘깃거렸다. 천둥 같은 음악 소리가 울리자 저스틴은 자기도 모르게 몸을 움찔했다.

"너도 봤지?"

문을 닫고 나온 저스틴이 블라초의 귓가에 대고 말했다.

저스틴은 음악 소리 때문에 블라초가 자신의 말을 듣지 못했다는 것을 깨달았다. 그래서 이번에는 크게 소리쳤다.

"너도 봤지?"

"세상에, 이럴 수가. 수위 아저씨 맞지? 다른 사람인 줄 알았어!"

블라초가 깜짝 놀란 얼굴로 외쳤다.

저스틴은 강당 문을 다시 열었다.

사방이 어두컴컴한데 오직 무대 한가운데만 번쩍거리는 조명을 받고 있었다. 마치 학생들의 연극 무대가 열릴 때와 똑같았다. 관객이 아무도 없는 것만 다를 뿐이었다.

수위 아저씨는 무대 위를 독차지하고 있었다. 하지만 평소 모습과는 사뭇 달랐다. 수위실 안에 붙여 놓은 포스터의 가수들처럼 아저씨 얼굴에도 검은색 줄이 죽죽 그어져 있었다.

검은 옷차림에 기다란 망토를 두른 수위 아저씨는 기타를 들고 있었다. 수위 아저씨는 등을 웅크리고 기타를 치며 음악 소리에 맞춰 소리를 질렀다.

저스틴은 문을 다시 닫았다.

"도무지 들어 주기 힘든 음악이네."

블라초가 손가락으로 귀를 막았다.

"스피커를 죄다 켜 놓고 음악에 맞춰 기타를 치시나 봐."

저스틴이 심호흡을 하더니 문을 또다시 살짝 열었다. 저스틴과 블라초는 문틈으로 수위 아저씨를 물끄러미 바라봤다.

"역시 짐작했던 대로야."

저스틴은 또다시 문을 닫으며 말했다.

"어쩌지? 교장 선생님한테 말씀드려야 하나?"

블라초가 물었다.

"수위 아저씨가 너무나 즐거워 보이시는데. 네가 수위 아저씨라면 이 상황이 학교에 알려지는 게 좋겠니?"

저스틴이 블라초에게 되물었다.

"아니, 아저씨는 이 일을 비밀로 하고 싶으실 것 같

아. 그렇다면 우리도 비밀을 지켜 드려야겠지."

블라초가 어깨를 으쓱했다.

"너도 나랑 같은 생각이라 다행이다. 이번 주말에 록 밴드 경연 대회에 나가려고 연습을 하시는 것 같아. 그렇다면 다음 주에는 교장 선생님한테 전기 사용량이 줄어들었다고 말씀드릴 수 있겠다."

저스틴이 눈을 찡긋했다.

"그러면 우리가 뛰어난 전기 탐정이라는 걸 증명할 수 있겠네, 안 그래?"

블라초는 의기양양하게 팔짱을 꼈다.

"자, 이제 집에 가기 전에 할 일이 하나 남았어."

저스틴이 의미심장하게 웃었다. 저스틴의 웃음은 블라초의 잠옷 사건 때와 같았다.

"또 무슨 일을 벌이려고?"

블라초는 흠칫 놀라며 물었다.

"수위 아저씨의 멋진 공연을 놓칠 수 없지. 영상으로 남겨서 응원해 드리려고! 그리고 이제 함께 비밀을 공유해야 될 사이니까 아까 내가 말한 '일일 환경 순찰대'를 아저씨한테 제안해 보려고."

저스틴이 스마트폰을 꺼내 들며 강당 문을 활짝 열었다.

"정말 못 말리겠다니까. 결국 아저씨도 나처럼 저스틴과 환경 활동을 해야겠구나."

블라초는 어깨를 으쓱하며 저스틴을 따라 강당으로 들어갔다.

그날 밤, 집에 돌아온 저스틴은 컴퓨터를 이용해 포스터를 그렸다. 그리고 새로운 문구들을 포스터에 써

넣었다.

'우리 집 전기 도둑은 이제 안녕! 여러분도 홈을 지키는 전기 명탐정 홈스가 될 수 있습니다!'

저스틴은 아이들이 좋아하는 명탐정 셜록 홈스를 가정을 뜻하는 '홈(home)'에 빗댄 것이 뿌듯했다. 그러다가 어딘가 허전한 느낌이 들어서 고민하다가 '홈' 부분을 강조하고, 느낌표를 더 찍었다.

'우리 집 전기 도둑은 이제 안녕!!!! 여러분도 **홈**을 지키는 전기 명탐정 **홈**스가 될 수 있습니다!!!!'

"훨씬 좋은데?"

저스틴은 만족스러운 얼굴로 자신이 만든 포스터를 들여다봤다. 환경을 보호하고 푸른 지구를 만드는 일은 느낌표 100개를 찍어도 될 만큼 중요하니까 말이다.

"할머니, 대기 전력을 줄이기 위한 포스터를 만들

우리 집 전기도둑은

이제 안녕!!!!

여러분도 홈을 지키는

전기 명탐정 홈스가

될 수 있습니다!!!!

었는데 한번 보실래요?"

저스틴이 물었다.

소파에 앉아 있던 할머니가 읽던 책을 내려놓고 저스틴에게 다가왔다.

"와, 정말 멋지구나!"

할머니가 감탄하며 칭찬하자마자 컴퓨터 옆에 있던 집 전화기가 울렸다.

"여보세요?"

전화를 받은 저스틴은 잠시 침묵을 지켰다가 말을 이었다.

"네, 안녕하세요, 할아버지."

저스틴이 다시 말을 멈췄다.

"그럼요, 제가 한번 살펴볼게요. 지금 컴퓨터 앞에 앉아 있거든요."

저스틴이 자판을 두드리더니 컴퓨터 화면에 전기

사용량을 표시한 그래프를 띄웠다. 저스틴은 측정 기록을 한참 들여다보다가 얼굴을 찡그렸다.

"할아버지 말씀이 맞네요. 전기 사용량이 또 올랐어요."

저스틴이 전화기에 대고 말을 이었다.

"블라초한테 한번 물어보세요. 어떤 전기 기기를 놓치셨는지 블라초가 잘 설명해 드릴 거예요."

잠자코 할아버지의 대답을 듣던 저스틴은 잠시 전화기를 내리고 할머니에게 말했다.

"블라초는 벌써 잠들었대요. 누가 업어 가도 모를 녀석이라고 하시면서요."

저스틴은 다시 전화기에서 흘러나오는 소리에 귀를 기울였다.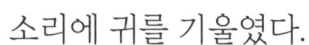

"알겠어요. 할아버지를 도와 드려야 한다고 할머니한테

전해 드릴게요."

마침내 저스틴은 전화를 끊었다.

"할머니, 또 말도 안 되는 일이 일어났어요!"

저스틴이 소리쳤다.

"지난번에 할아버지한테 전기 잡아먹는 기기를 어떻게 해야 하는지 충분히 알려 드렸잖아요. 그런데 전력 측정기가 측정한 그래프를 보니 이해를 못 하신 것 같아요."

그 말을 들은 할머니는 가방을 찾아 들었다. 그러고는 거실 벽에 걸려 있는 거울을 보며 머리를 단정하게 매만졌다.

"그때 네가 설명한 내용은 내가 한마디도 놓치지 않고 다 기억하고 있지. 그러니 내가 가서 도와주고 오마. 넌 집에서 포스터나 마저 끝내렴."

할머니는 옷매무새를 만지며 말했다.

"와, 할머니가 이렇게까지 환경을 생각하시다니 정말 기뻐요."

저스틴이 신나서 박수를 쳤다.

"환경을 지키는 게 얼마나 중요한 일인데. 나도 할 수 있는 역할이 있어서 행복하구나."

"우리 할머니, 진짜 최고예요."

저스틴이 활짝 웃었다.

"블라초네 할아버지를 도우려면 시간이 한참 걸릴 것 같구나. 배우는 속도가 느린 것 같으니 말이다."

할머니는 콧노래를 부르며 집을 나섰다. 할머니는 어쩐지 기분이 좋아 보였다.

"할아버지는 좋은 분이신 것 같아. 배우는 속도는 거북이처럼 느리지만, 그래도 전기 사용량을 줄이려고 꽤 열심히 노력하시니까!"

저스틴도 덩달아 콧노래를 부르며 할머니 말마따나 포스터를 마무리했다.

"전기 사용량을 줄이면 할아버지한테도 나무 스티커를 챙겨 드려야겠다. 환경을 위해 잘 실천하셨으니까!"

캡틴에코의
뉴스레터

지구를 위해
에너지를 부탁해

✅ **함께하면 더 커지는 가치**
✅ **'대기 전력을 잡아라!' 캠페인**

방과 후에 사용하지 않는 전자 기기의 플러그를 뽑는 일을 일주일 동안 했어. 그러자 학교의 전기 사용량이 확 줄어들었어. 교장 선생님은 무척 기뻐하면서 전교생을 대상으로 대기 전력을 줄이기 위한 캠페인을 열었어. 캠페인을 이끄는 리더로 캡틴에코 저스틴, 바로 내가 임명됐지! 앞으로 선생님과 학생들이 조를 짜서 방과 후에 사용하지 않는 플러그를 뽑기로 했어. 학교뿐만 아니라 집에서, 도시에서 실천할 수 있도록 캠페인을 더욱 확대할 예정이야. 모두가 함께 대기 전력을 잡다 보면 더 많은 전기 에너지를 아낄 수 있겠지?

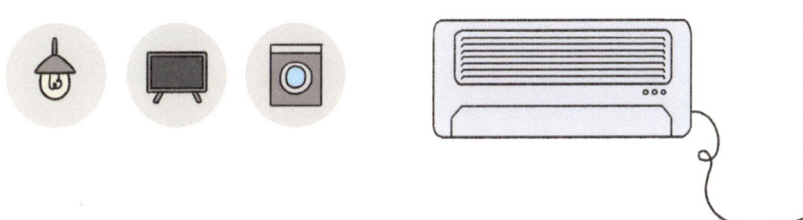

✅⭕ 누구나 환경 시민
✅ 똑똑한 에너지 소비자 되기

전기 에너지를 아끼는 것도 중요하지만, 전기 에너지를 똑똑하게 소비하는 것도 중요해! 바로 전자 기기에 표시된 '에너지 소비 효율 등급'을 확인하는 거야. 한국에서는 1등급에 가까울수록 에너지 효율이 높다는 뜻이야. 1등급 제품은 5등급 제품보다 약 30%의 전기 에너지를 아낄 수 있대. 이 표시는 소비자들이 에너지를 절약할 수 있는 제품을 선택하고 구매할 수 있게 하고, 제품을 만드는 사람들은 에너지 절약을 위해 제품을 생산하고 판매하도록 노력하게 하지.

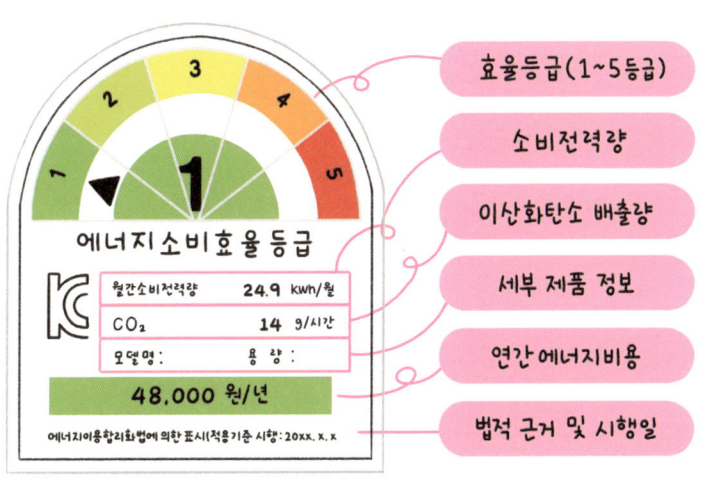

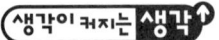

작은 관심과 의견이 커져서 삶을 지탱하는 철학이 됩니다. '생각이커지는생각'은 생각의 시작을 열어 주는 책입니다.

글쓴이 **시그문드 브라우어**
어린이와 청소년 책을 많이 썼습니다. 학교를 찾아가 다양한 아이들과 읽고 쓰기에 대해 이야기하는 것을 좋아합니다. '에코 소셜 액션' 시리즈는 어린이들과 함께 환경을 보호하기 위해 쓴 책입니다.

그린이 **박민희**
과학자가 될 줄 알았는데 어느 순간부터 그림을 그리고 있습니다. 원숭이랑 아이들의 동그란 눈을 그릴 때 가장 즐겁습니다. 쓰고 그린 책으로 『깔끔쟁이 빅터 아저씨』가 있습니다. 그린 책으로는 '에코 소셜 액션' 시리즈와 『글쓰기가 뭐가 어려워?』『내 직업은 직업발명가』등이 있습니다.

옮긴이 **김배경**
가톨릭대학교를 졸업하고 영국 스털링대학교에서 출판학 석사 학위를 받았습니다. 교계신문 취재 기자를 거쳐 출판사 편집자로 일하다가 지금은 어린이와 청소년 책을 우리말로 옮기고 있습니다. 옮긴 책으로는 『걸어 다니는 친환경 스쿨버스』『가로등을 밝히는 개똥 파워!』『음식 쓰레기와 고양이 구조대』『숫자로 기록하는 생태 탐사대』『플라스틱 제로 대작전』『생명을 지키는 사람들의 하루』등이 있습니다.

에코 소셜 액션
전기 도둑 흡혈귀와 탐정 저스틴

초판 1쇄 2025년 11월 20일

지은이 시그문드 브라우어 | **그린이** 박민희 | **옮긴이** 김배경
펴낸곳 책속물고기 | **출판등록** 제2021-000002호
주소 서울특별시 영등포구 양평로 157, 1112호
전화 02-322-9239(영업) 02-322-9240(편집) | **팩스** 02-322-9243
전자우편 bookinfish@naver.com | **카페** http://cafe.naver.com/bookinfish
인스타그램 @bookinfish | **콘텐츠 프로바이더** 와이루틴

ISBN 979-11-6327-185-7 73400

*이 책의 내용을 쓰고자 할 때는 저작권자와 출판사 양측의 허락을 받아야 합니다.
*잘못된 책은 바꾸어 드립니다.
*값은 뒤표지에 있습니다.

품명 아동 도서 | **제조일** 2025년 11월 20일 | **사용연령** 8세 이상 | **제조자** 책속물고기 | **제조국** 대한민국
연락처 02-322-9239 | **주소** 서울특별시 영등포구 양평로 157, 1112호
주의사항 ① 종이에 베이거나 긁히지 않도록 조심하세요. ② 책 모서리가 날카로우니 던지거나 떨어뜨리지 마세요.
KC마크는 이 제품이 공통안전기준에 적합하였음을 의미합니다.